인물로 보는 세계 역사
LIVE 세계사
5 중국 1
천재교육

글 **유경원**

만화 잡지 《아이큐 점프》, 《소년 챔프》 등에서 스토리 작가로 활동하며
《호협애사》, 〈철인 캉타우 리턴〉, 《소돔의 궁전》 등을 발표했습니다.
최근에는 웹툰 〈의열: 모던 레지스탕스〉를 연재했고, 아동 학습만화 《이현세 만화 한국사 바로보기》,
《코믹 메이플 스토리 한자도둑》, 《허팝 과학파워》 등을 집필했습니다.

만화 **김기수**

1993년 소년 잡지 《챔프》 공모전에서 수상하고 본격적으로 만화를 그리기 시작했습니다.
지금도 어린이들에게 재미있고 유익한 만화를 보여 주기 위해 다양한 작품을 그리며 열심히 활동하고 있습니다.
대표작으로는 《쿠키런 서바이벌 대작전》, 《쿠키런 킹덤》, 《신비아파트 한자 귀신》, 《코딩맨 엔트리》 등이 있습니다.

학습·감수 **왕홍식**

고려대학교 역사교육과를 졸업하고 서울 보성중학교에서 역사를 가르치고 있습니다.
'어떻게 하면 역사를 잘 가르칠 수 있을까?' 고민하는 역사 교사들의 모임인 '역사사랑'에서 활동하고 있습니다.
2013년 중학교 역사 교과서를 집필하고, 《EBS 스토리 한국사》, 《EBS 필독 중학 한국사》, 《EBS 필독 중학 세계사》,
《생각하는 세계사》, 《살아 있는 세계사 교과서》, 《그림으로 보는 정의로운 인물들》 등의 집필에 참여했습니다.

LIVE 세계사 ⑤ 중국 1

발행 | 2022년 7월 15일 초판 **인쇄** | 2023년 3월 30일 2쇄
발행처 | (주)천재교육
글 | 유경원 **만화** | 김기수 **삽화** | 나인완 **학습·감수** | 왕홍식
편집 | 천재교육 만화사업팀 **북디자인** | Design Plus
사진 제공 | 셔터스톡, 위키피디아
신고번호 | 제2001-000018호(1980.5.28)
팩스 | 02-3282-1717
고객만족센터 | 1577-0902
주소 | 08513 서울특별시 금천구 가산로9길 54
홈페이지 | www.chunjae.co.kr

ISBN 979-11-259-7039-2 74900
ISBN 979-11-259-7034-7 74900 (세트)

인물로 보는 세계 역사
LIVE 세계사
⑤ 중국 1

중국의 역사 인물과 함께 역사 여행을 떠나요.

중국 사람들은 스스로 세계의 중심이라 생각했어요. 그래서 나라 이름도 중심이 되는 나라, 중국(中國)이지요. 중국은 우리와 가장 가까이 있는 나라이며 육지로 연결되어 있어서 많은 영향을 주고받으며 수천 년을 지냈어요. 따라서 중국 역사를 알면 우리 역사를 더 풍부하게 이해할 수 있게 되지요.

여러 나라로 나뉘어 있던 중국을 최초로 통일한 인물은 진시황제예요. 그는 화폐·문자 등의 통일 정책을 펴 오늘날 거대한 중국의 기틀을 만들었어요. 그 위에 한나라의 문화가 꽃폈고, 이는 중국 문화의 바탕이 되었지요. 특히 유학으로 나라를 다스려 우리나라를 비롯한 주변 나라에 큰 영향을 주었어요. 당나라 태종은 중국의 여러 제도를 정비하고, 3성 6부제와 통치 제도를 확립했어요. 여기에 당의 국제적인 문화는 유학, 불교, 한자 등을 공통으로 하는 동아시아 문화권을 만들었어요. 중국을 지배한 몽골의 칭기즈 칸과 후손들은 정복 전쟁에 나섰어요. 그 결과 인류 역사상 가장 거대한 몽골 제국을 세웠지요. 이로써 세계가 하나로 연결되어 서로 교류하며 발전하게 되었어요. 몽골을 북으로 쫓아낸 명나라는 영락제 때 전성기를 맞이했어요. 그는 명 중심의 국제 질서를 세우기 위해 멀리 아프리카 동해안까지 사신을 보냈어요. 세계 최대의 궁궐인 자금성이 이때 세워졌어요. 청나라 강희제에서 건륭제에 이르는 시기는 중국 역사상 가장 번창한 시기였어요. 그런데 청은 한족이 아닌 만주족이 세운 왕조예요. 오늘날 중국 영토의 대부분은 이때 만들어졌지요. 이 시기에 세계 각지에서 사신과 상인 등이 중국으로 왔어요. 몽골·명·청으로 이어지는 중국 역사를 통해 중국 역사는 한족과 유목 민족이 어울려 만든 역사라는 것을 알 수 있어요. 자, 중국의 위대한 인물과 유적을 찾아 여행을 떠나 볼까요?

왕홍식
서울 보성중학교 교사

나비 효과! 연약한 나비의 날갯짓 하나가 지구 반대편에 있는 나라에 큰 태풍을 만들어 낼 수 있다는 뜻이에요. 오늘날 지구촌에 살고 있는 우리 모두가 밀접하게 서로 영향을 주고받는다는 것을 보여 주는 말이지요. 《LIVE 세계사》는 한국에서 태어났지만 세계인과 친구가 되고 함께 살아갈 여러분에게, 흥미 있는 세계사를 보여 줄 것입니다.

김태규
서울 장충고등학교 교사

현재 우리가 살아가는 지구에는 수많은 나라와 역사가 있어요. 그 역사 속 사람들을 알고 싶다면 《LIVE 세계사》를 읽어 보는 것은 어떨까요? 여러분이 꼭 알아 두면 좋을 인물을 중심으로 한 재미있는 만화를 읽을 수 있어요.

김현숙
서울 덕수중학교 교사

우리 함께 세계 여러 나라의 인물을 만나고, 각 나라에 대해 알아봐요. 여러분이 친구들과 많은 것을 함께 나누는 것처럼 세계 여러 나라 사람들도 이웃 나라, 심지어 지구 반대편 먼 나라 사람들과 만나 많은 것을 주고받았어요. 그 결과물이 세계사이지요. 《LIVE 세계사》는 곳곳에 우리나라 이야기도 들어 있어 편하게 만날 수 있을 거예요.

이강무
서울 인창중학교 교사

《LIVE 세계사》는 어린이 혼자 읽으면서도 쏙쏙 이해되는 세계사 책이에요. 역사적 인물을 통해 각 나라의 역사를 살펴보며 '세계사 공부가 이렇게 쉽고 재미난 것이구나!' 할 거예요. 세계 시민으로 살아가는 어린이들에게 더 넓은 세상으로 나아가는 길을 열어 줄 것입니다.

황은희
서울 월천초등학교 교사

이 책의 특징

1. 여행 지도

해당 나라의 지도와 함께 수도, 언어, 기후, 국기 등 기본 정보를 알아봅니다.

2. 만화와 정보 박스

세계 역사 속 주요 인물을 재밌는 스토리와 함께 만화로 만나 봅니다. 정보 박스를 통해 놓치기 쉬운 학습 정보를 보충합니다.

3. 세계사 들여다보기 세계사 넓게 보기 세계사 깊게 보기

해당 나라에 관련된 정보를 읽고, 그 시기에 주변 나라와 우리나라는 어떤 일이 있었는지 살펴봅니다.

진시황제 (기원전 259년~기원전 210년)

중국을 대표하는 문화유산인 만리장성을 세운 사람이 바로 진시황제예요. 진시황제는 조각조각 나뉘어 있던 중국을 최초로 통일했지요. 그러나 여산릉, 아방궁 등 많은 공사에 백성을 동원했고, 아주 엄한 법으로 나라를 다스렸어요. 이 때문에 백성들의 불만이 점점 커졌고, 진나라는 통일한 지 15년 만에 망했습니다. 진시황제는 오랫동안 *폭군 하면 떠오르는 □□□□ 되기도 했지요. 그러나 진시황제는 화폐·도량형·문자를 통일하고, □□□□□혁으로 나누어 관리를 보내 나라를 다스렸어요. 이러한 □□□□□ 오늘날 중국의 기틀이 되었어요.

놀이 퀴즈

미로 찾기, 가로세로
낱말 퀴즈, 사다리 타기 등
재밌는 퍼즐을 이용해
학습한 내용을
확인해 봅니다.

문제 퀴즈

세계사와 관련된 다양한
유형의 문제를 풀면서
학습한 내용을 점검하고
교과를 비롯한 여러 가지
시험에 대비합니다.

연표

인물과 사건을 중심으로
역사의 흐름을 이해하고
같은 시기에 우리나라와
다른 나라에서 일어난
사건과 비교해 봅니다.

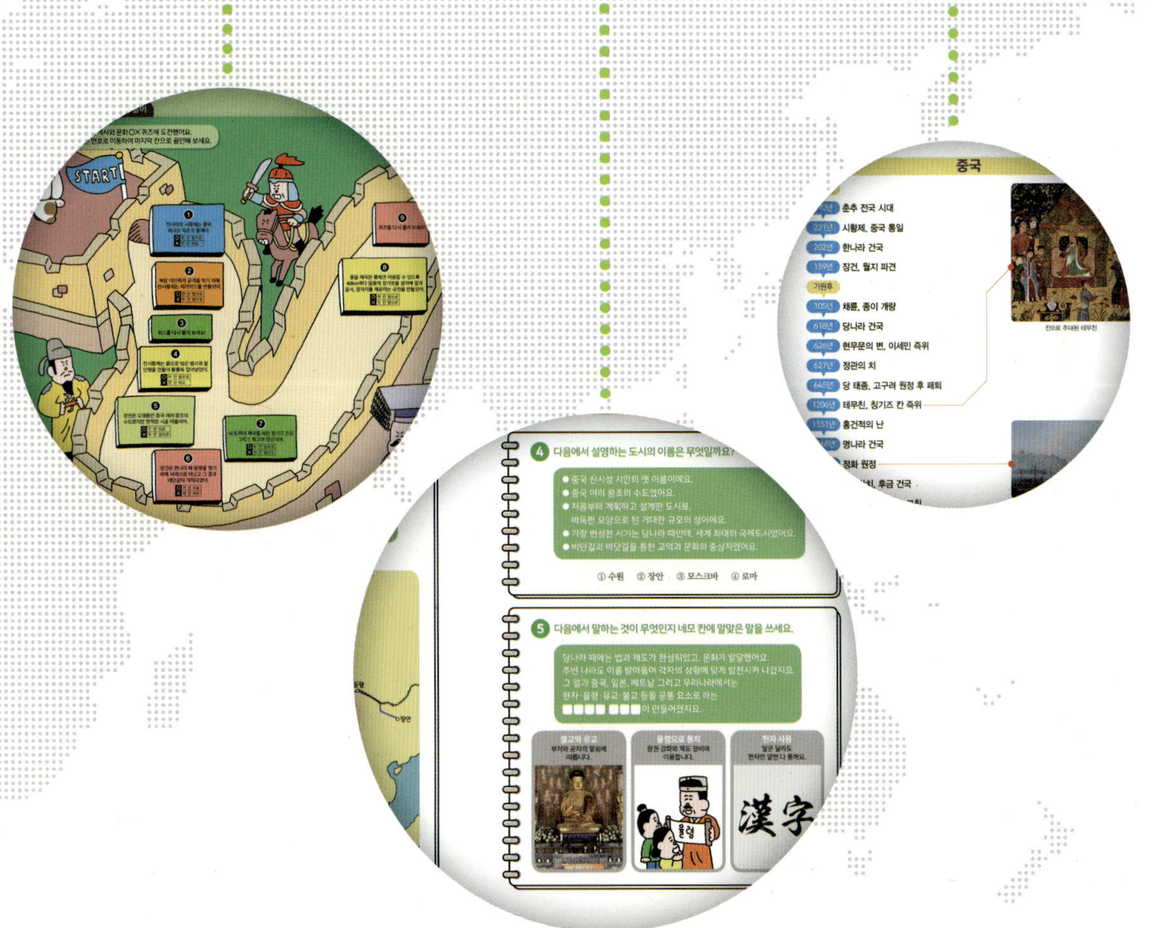

중국

수도

중화 인민 공화국(중국)의 수도 베이징은
많은 문화유산을 가진 오래된 도시이자,
세계 여러 나라와 교류하는 현대적인 도시예요.

언어

중국어는 세계에서 가장 많은 사람이 사용하는 언어예요.
표준어인 보통화와 여러 소수 민족의 언어, 방언이 있어요.

지리

아시아 동부에 위치한 중국은 한반도의 44배나 되는 큰 나라예요.
서쪽은 높은 산맥과 고원이 있고, 동쪽으로 갈수록 낮은 평원이 있어요.

기후

중국은 영토가 넓은 만큼 다양한 기후가 나타나는데,
사계절이 뚜렷한 계절풍 기후예요. 남쪽으로는 열대 기후가,
서쪽으로는 건조 기후, 북쪽으로는 냉대 기후,
동쪽으로는 온대 기후가 나타나지요.

화폐

중국은 위안이라는 화폐 단위를 사용해요.

민족

중국 인구의 대부분은 한족이지만, 55개의 소수 민족이 있어요.

산업

농업 중심의 나라였지만 점차 공업과 서비스업이 늘어났어요.
세계 최대의 공업 국가 중 하나가 되었지요.
세계 어디를 가도 중국에서 만든 물건을 볼 수 있을 거예요.

세계 유산

오랜 역사를 가진 중국은 많은 문화유산이 있고,
영토가 넓은 만큼 많은 자연 유산을 가진 나라 중 하나예요.

국기
붉은색은 혁명을, 큰 별은
중국 공산당을 의미해요.
네 개의 작은 별은 노동자와 농민,
소시민, 민족 자본가 계급을 나타내며,
모든 중화 인민이
단결하자는 의미예요.
하얼빈
베이징
상하이
동중국해
양쯔강
항저우
광저우
홍콩
남중국해

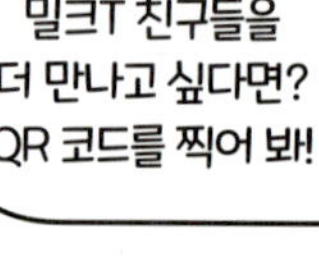

모모

이상한 나라의 도서관 사서.
논리적이지만 가끔
무모할 때가 있어요.

그루

이상한 나라의 요리사.
남을 잘 보살피지만
음식 앞에서는 약해져요.

도기

무관심해 보여도
새로운 것을 배울 때면
집중력이 높아져요.

하트 공주

이상한 나라
하트 여왕의 외동딸.
자기만의 왕국을
세우려고 해요.

가로

하트 공주의 부하.
충성심으로 가득하지만
엉뚱한 행동으로 일을
그르치기도 해요.

세로

하트 공주의 부하.
공주의 말이라면 무조건
따르며, 눈치가 빨라
행동도 빨라요.

진시황제

중국을 최초로 통일한
진나라의 황제예요.
만리장성을 세웠지요.

당 태종

법과 제도를 정비해
당나라의 태평성대를 이룬
뛰어난 황제예요.

칭기즈 칸

인류 역사에서
가장 넓은 영토를 차지한
몽골 제국을 세웠어요.

영락제

정화를 시켜 아프리카
동해안까지 원정을 보내
명나라의 힘을 세상에 알리고,
전성기를 이끌었어요.

강희제

청나라의 전성기를 열었어요.
근면하고 검소한 강희제는
나라 살림을 잘 꾸려,
백성의 세금도 줄여 주었어요.

차례

이상한 나라 안내서
여기는 이상한 나라.
세상의 지식과 상상이 모여 만들어진 마법의 나라예요.
하트성
레스토랑
도서관
정원
음악관
인간, 동물, 요정, 마법사, 책 속의 인물 등 다양한 이들이 살고 있지요.

이상한 나라에서 가장 중요한 곳은 도서관이에요. 인간 세계와의 균형을 보여 주는 절대시계가 있거든요. 인간 세계가 흔들리면 여기도 무사하지 못해요.
도서관에 인간 세계로 넘어가는 시간의 문이 있다는 건 안 비밀!
껄
껄
이상한 나라는 항상 평화로워요. 가끔 하트성에 사는 공주가 말썽을 일으킬 때 빼고는요.
엄마, 미워!
너 사춘기니?
오늘은 어떤 하루가 시작될까요?
덜
덜
덜

***트러플** 식용 버섯 가운데 하나로 송로 버섯이라고도 부름. 프랑스의 3대 진미 중 하나.

***그제** 어제의 전날.

*요리 가열하는 등 조리하여 음식을 만드는 것.
*재료 물건을 만드는 데 들어감.

*표지 책의 겉장.
*CCTV 폐회로 텔레비전. 흔히 감시 카메라로 사용함.

***엉망** 헝클어져 어수선한 상태.

중국의 *기틀을 세운 진시황제

***기틀** 어떤 일의 가장 중요한 계기나 조건.
***부근** 어떤 곳을 중심으로 해서 가까운 곳.

*기원전 예수가 태어난 해를 기준으로 그 이전.
*진나라 진(秦). 기원전 221년~기원전 207년.

***토목 공사** 땅과 하천을 고쳐 만드는 공사로 철도, 도로, 상하수도 건설 등의 공사.
***인부** 몸을 써서 일을 하는 사람 혹은 나라에서 의무로 지운 일에 부리는 사람.

*성벽 성곽의 벽.
*산꼭대기 산의 맨 위.

23

*용감 용기가 있으며 씩씩하고 기운참.
*이민족 언어나 풍습 따위가 다른 민족.

*춘추 전국 시대 춘추 시대(기원전 770년~기원전 403년)와
전국 시대(기원전 403년~기원전 221년)를 아울러 이르는 말.

***수상하다** 보통과 달리 이상하여 의심스러움.
***흉노** 몽골 고원에서 활약하던 기마 민족.

비켜 봐!
이 정도는
나 혼자서도 해.

번쩍
와!
굉장해!

이봐, 황제께서
오고 계셔!
잠시 후면 이 근처를
지나실 거야!
뭐라고?
황제 폐하가…?
진시황제가
이 근처에?

뭔가 느낌이
안 좋아!
으악!
이크!
쿵
폴짝

*틀림없이 조금도 어긋나는 일이 없이.
*볼일 해야 할 일.

***별** 보통과 다르게 두드러지거나 특별한.
***성가시다** 자꾸 번거롭게 굴어 괴롭고 귀찮은.

황제 폐하의 *행차시다!
모두 바닥에 엎드리고
머리를 조아려라!
넙죽
두 두
두두
두 두
넙죽
넙죽

두
퉁

진시황제 (기원전 259년~기원전 210년)

중국을 대표하는 문화유산인 만리장성을 세운 사람이 바로 진시황제예요. 진시황제는 조각조각 나뉘어 있던 중국을 최초로 통일했지요. 그러나 여산릉, 아방궁 등 많은 공사에 백성을 동원했고, 아주 엄한 법으로 나라를 다스렸어요. 이 때문에 백성들의 불만이 점점 커졌고, 진나라는 통일한 지 불과 15년 만에 망했습니다. 진시황제는 오랫동안 '*폭군'하면 떠오르는 인물이 되기도 했지요. 그러나 진시황제는 화폐·도량형·문자를 통일하고, 전국을 군과 현으로 나누어 관리를 보내 나라를 다스렸어요. 이러한 정책은 계속 이어져 오늘날 중국의 기틀이 되었어요.

*행차(30쪽) 웃어른이 차리고 나서서 길을 가는 것 또는 줄을 지어 늘어선 그 행렬.
*폭군 사납고 나쁜 임금.

*예상 어떤 일을 직접 당하기 전에 미리 생각하여 둠.

32

황제님, 위험해요! 몸을 피하세요!
응?

웬 놈들이냐!
척

어쩌죠? 들켜 버렸는데요?
파앗
흥, 방법이 있지!

쟤들은 황제를 노리는 놈들이야! 아주 위험하다고!
으잉?
뭐라고요?

*수상하다 보통과는 달리 이상하여 의심스러움.

그래, 네 이름이 무엇이냐?
그런 건 알 것 없어. 나랑 잠깐…!
뒤적
뒤적
미끌
툭
엥?
앗!
그 수상하게 생긴 건 무엇이지?
이건 그냥 책이야. 심심할 때 보는 만화책…!
샥
이 녀석도 수상하군! 잡아라!
으아아! 거의 다 됐는데…!
힝, 어쩐지 너무 쉽다고 생각했어요!
네!
파파파

*납치 강제로 억지로 데리고 감.
*병사 군인이나 군대.

헥헥…
내가 숨어서 지켜봤는데
하트 공주도 실패하고
도망갔어.
털썩
헉헉
정말?
하지만 이대로
포기하지 않을 거야.
분명히 다음 기회를
노릴 거라고.

성안으로 들어가
진시황제에게
경고하는 건 어떨까?
오예—! 난 대찬성!
가는 김에
황제가 드시는 요리도
조사해 보자!
펄 쩍
하지만
성에 들어갈
방법이….

응?

*황릉 황제의 무덤.
*무덤 송장이나 유골을 땅에 묻어 놓은 곳.

***틀** 물건을 만드는 데 본이 되는 물건.
***기술자** 전문적인 기술을 가진 사람.

아, 이러면
되겠다!

왜, 왜 날
그런 눈으로
쳐다보는데?

아하,
뭔지 알겠다.

오늘은
이상한 일들이 많았어.
대체 그 아이들은
누구였을까?

황제 폐하를
꼭 봬야 해요!
글쎄
안 된다니까!
이건
무슨 소리지?

누가 찾아온 것 같은데
폐하는 신경 쓰지 않으셔도
될 듯하옵니다.
흠.

고작 그런 일로
황제 폐하를 뵐 수는 없다!
그리고 그런 일은
내가 알아서 처리한다니까!
직접 보여 드리고
저희도 병마용 기술자가
되고 싶어서 그래요!

*계획 앞으로 할 일의 절차, 방법, 규모를 미리 헤아려 작정하는 것.
*곤란 사정이 몹시 딱하고 어려움.

척
넌 또
누구냐?
여기가
*황궁이군.
앗!
하트 공주?

위험한 자들이에요!
들여보내면 안 돼요!
이 녀석…!

난 *불로초가
있는 곳을 알고 있다!
황제에게 그것을
알려 주러 왔다!
불로초?

***신비** 보통의 상식과 이론으로는 이해할 수 없을 만큼 신기하고 묘함.

***약초** 약으로 쓰는 풀.

***평생** 태어나서 죽을 때까지의 동안.
***사신** 임금이나 국가의 명령으로 외국에 사절로 가는 신하.

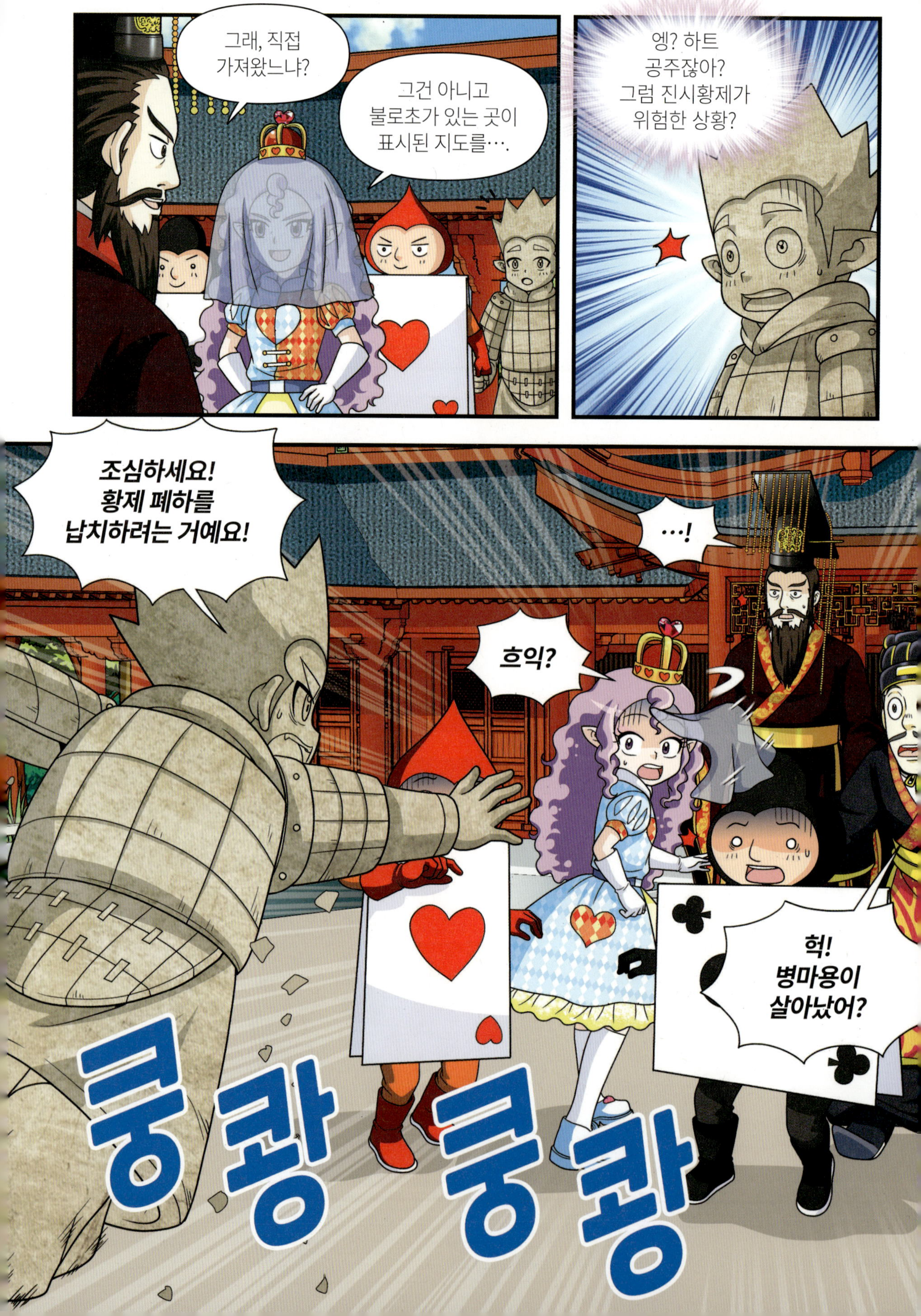

그래, 직접 가져왔느냐?
그건 아니고 불로초가 있는 곳이 표시된 지도를….

엥? 하트 공주잖아? 그럼 진시황제가 위험한 상황?

조심하세요! 황제 폐하를 납치하려는 거예요!
…!
흐익?
헉! 병마용이 살아났어?
쿵 쾅 쿵 쾅

***주먹맛** 주먹으로 얻어맞는 맛.

*후퇴 뒤로 물러남.
*위대하다 능력이나 업적이 뛰어나고 훌륭한.

***아차** 무엇이 잘못되었다는 걸 갑자기 깨달았을 때 하는 말.
***기회** 어떠한 일을 하는 데 적절한 시기나 경우.

시황제의 통일 정책

중국 서쪽에 있는 작은 나라였던 진나라의 왕 정은 차츰 힘을 길러 분열되었던 중국을 최초로 통일했어요. 그리고 스스로 첫 번째 황제라는 뜻으로 시황제라고 부르게 했어요. 시황제는 다양한 문화와 제도가 뒤섞여 있는 중국을 하나로 만들기 위해 여러 가지 통일 정책을 펼쳤지요. 황제의 명령과 법을 이해하고, 나라를 운영하기 쉽도록 문자를 통일했어요. 또 화폐와 도량형도 통일해 지역 간의 교류가 불편함이 없도록 했어요. 시황제의 정책은 이후 중국 왕조에 이어졌어요.

유학으로 나라를 다스린 한 무제

진시황제의 정책을 비판해 탄압을 받던 유학은 한나라 때 크게 발전하게 되었어요. 유학은
나라에 충성하고 부모에 효도하는 것을 으뜸으로 여긴 학문과 사상이지요. 한나라의 무제는
유학을 바탕으로 나라를 다스리려고 했어요. 학교를 세워 유학을 가르쳤고, 유학을 공부한
사람 중에서 우수한 사람을 관리로 뽑았어요. 덕분에 황제의 권력은 전보다 안정적으로 유지될
수 있었지요. 이렇게 발전한 유학은 중국 사회에 깊게 뿌리를 내렸을 뿐만 아니라 우리나라를
비롯한 동아시아에 큰 영향을 주었어요.

동중서
한나라의 학자이자 재상

한 무제
기원전 156년~기원전 87년

만리장성과 비단길

흉노는 유라시아 북부의 초원 지대를 지배했던 민족이에요. 흉노는 국경을 넘어와 가축과 식량을 빼앗아 갔지요. 진의 시황제는 이들을 막기 위해 6,700km에 이르는 만리장성을 세웠어요. 하지만 흉노와는 그 뒤로도 충돌했고, 한나라의 무제는 흉노를 물리치기로 마음먹었어요. 그래서 멀리 서역에 있는 월지라는 나라와 군사 동맹을 맺기 위해 장건을 보냈는데, 실패하고 말았지요. 하지만 이를 계기로 한나라와 서역 사이에 길이 열리게 되었어요. 이 길을 통해 포도와 호두, 낙타 등이 중국에 전해졌고, 중국의 비단이 멀리 로마까지 전해졌어요. 이 길이 바로 '비단길'이에요.

고조선의 왕이 된 위만

위만은 중국에서 진나라가 무너지고 혼란스러울 때 1,000여 명의 사람을 이끌고 고조선으로 넘어왔어요. 고조선의 준왕은 위만에게 서쪽 변경 지역을 지키도록 했지요. 위만은 이곳에서 차츰 사람들을 모아 세력을 키웠어요. 그리고 왕검성으로 쳐들어가 준왕을 쫓아내고 고조선의 왕이 되었어요. 어떻게 위만은 왕이 될 수 있었을까요? 위만이 고조선으로 넘어올 당시 철로 만든 무기를 사용하고 있었어요. 그 무기 덕분에 청동기를 사용하던 당시 고조선의 준왕을 몰아내고 왕의 자리에 오를 수 있었던 거예요.

당나라의 *태평성대

*태평성대 어진 임금이 잘 다스리어 태평한 세상이나 시대.
*수도 한 나라의 중앙 정부가 있는 도시.

***칭찬** 좋은 점이나 착하고 훌륭한 일을 높이 평가하는 것.
***통일** 나누어진 것을 하나로 모아 맞추는 것.

*조사 내용을 알기 위하여 자세히 살펴보거나 찾아봄.
*버릇없이 어른이나 남 앞에서 마땅히 지켜야 할 예의가 없이.

당 태종 (598년~649년)

중국 사람들은 당 태종을 중국 역사상 가장 뛰어난 황제라고 말해요. 왜냐하면 신하의 *비판과 *조언을 잘 받아들였거든요. 그리고 그동안 내려오던 법과 제도를 정비해 국가를 튼튼하게 세우고 백성이 안정적인 삶을 살 수 있도록 노력했기 때문이지요. 밖으로는 티베트와 돌궐, 위구르를 무릎 꿇리고 비단길을 차지하여 유목 세계까지 아울렀어요. 이로써 비단길이 안전해지면서 각 나라의 사절단, 유학생, 승려 등 많은 사람이 당나라를 오고 가게 되었어요. 당 태종 때 정비하고 만든 여러 제도는 이후 조금씩 바뀌긴 했지만, 기본적인 모습은 오랫동안 중국과 주변 나라에 영향을 주었어요.

*비판 옳고 그름을 판단하여 밝히거나 잘못된 점을 지적함.
*조언 말로 거들거나 깨우쳐 주어서 도움이 되는 말.

***인품** 사람의 품격이나 됨됨이.
***안목** 사물을 보고 분별하는 능력.

***질투** 다른 사람이 잘되거나 좋은 처지에 있는 것을 미워하고 깎아내리려 하는 것.
***상책** 어떤 일에 대한 좋은 대처 계획이나 수단.

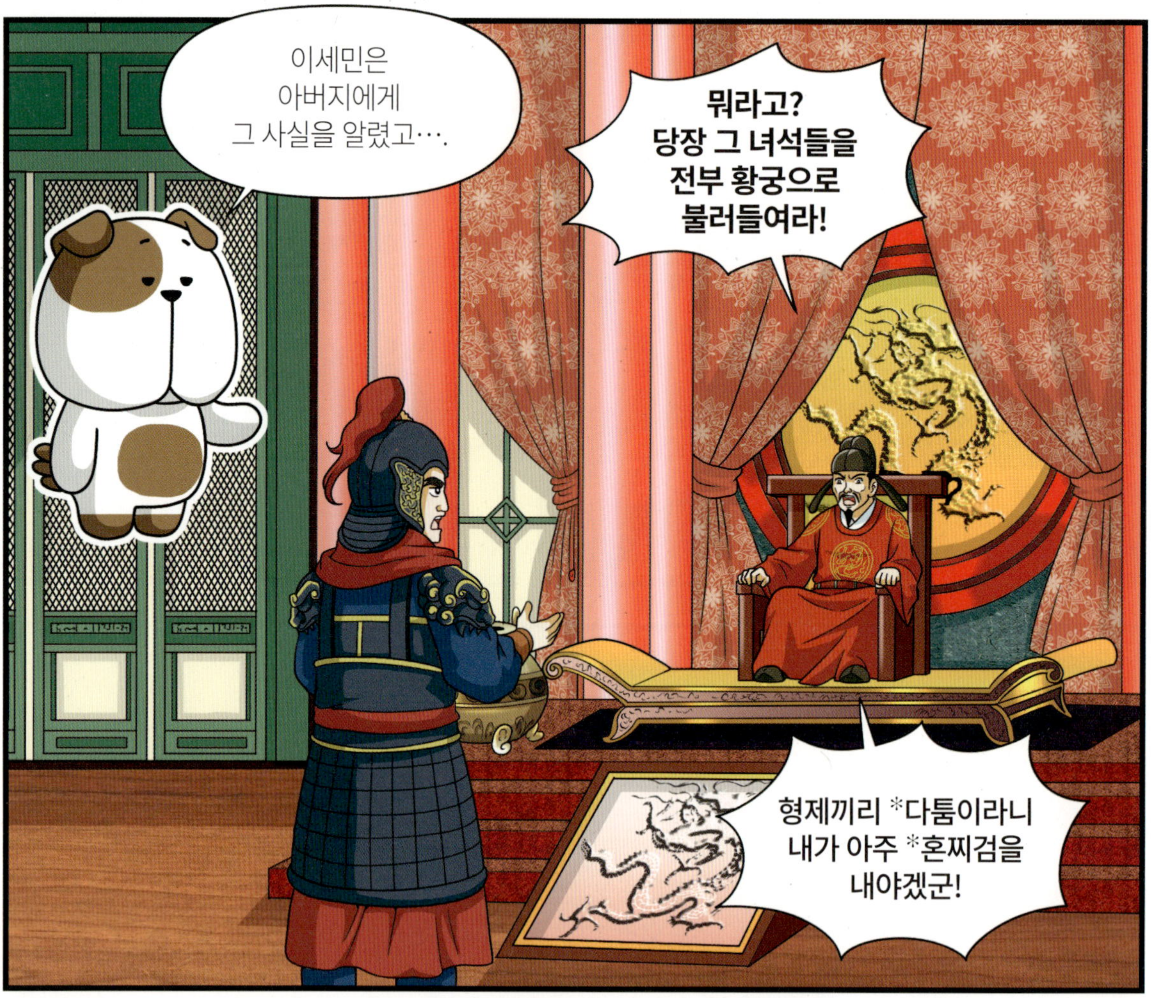

*다툼 의견이 대립하여 서로 따지며 싸우는 일.
*혼찌검 사람의 몸 안에서 몸과 정신을 다스리는 '혼'을 속되게 이르는 말.

*무리 사람이나 짐승, 사물 따위가 모여서 뭉친 한 동아리.
*순간 아주 짧은 동안.

*화살 활시위를 당겼다 놓으면 멀리 날아가도록 만든 물건.
*함정 빠져나올 수 없는 상황이나 남을 해치기 위한 계략.

***현무문의 변** 626년 당나라 초기, 이연의 장남 이건성과 차남 이세민의 왕위 계승 쟁탈전.

*농번기 농사일이 매우 바쁜 시기.
*농한기 농사일이 바쁘지 않은 시기.

*불안 마음이 편하지 않고 조마조마함.
*확률 일정한 조건 아래 어떤 일이 일어날 가능성의 정도.

66

*축제 축하하여 벌이는 큰 규모의 행사.
*과거 관리를 뽑을 때 실시하던 시험.

*시행 실제로 행함.
*관리 관직에 있는 사람.

*부하 직책상 자기보다 더 낮은 자리에 있는 사람.

근데 여기서 뭐 하는 거죠? 설마 과거를 보려는 건 아닐 테고….
딱
빙고! 바로 그거야!

알겠어요. 과거를 봐서 황제를 만날 계획이군요.
알면 됐어. 그럼 바빠서 난 이만!

어딜 가시려고요!
너희 상대는 우리다!
사
사
삭

자꾸 막아서면 우리도 가만있지 않겠어!
비키지 않으면 확 구겨 버린다!
붕
붕
이 녀석들이?
윽! *접히면 아프단 말이야!
끼이익

***소란** 시끄럽고 어수선함.
***무술** 발차기, 주먹질 등 무도에 관한 기술.

*실패 일을 잘못하여 뜻한 대로 되지 아니하거나 그르침.
*포기 하려던 일을 도중에 그만두어 버림.

***고구려** 우리 나라 삼국 시대 중
기원전 37년에 주몽이 세운 나라.

*부근 어떤 곳을 중심으로 하여 가까운 곳.
*이곳 여기. 말하는 이에게 가까운 곳을 가리킴.

고구려와 당나라 사이에 전쟁이 벌어져서 당 태종이 여기에 있나 봐.

그럼 하트 공주도 여기에 있을까?
그렇겠지?

근데 설마 황제가 직접 전쟁터에…?
맞아. 당 태종은 안시성 전투에 직접 참전해서 병사를 이끌었어.

***퇴각(75쪽)** 뒤로 물러감.

잠깐!
하트 공주의 흔적이
저쪽으로 이어져 있어!
저긴
막사잖아?

일단 가 보자!
그래,
서두르자!

고구려군의 저항이
너무 강해서
더는 버티기 힘듭니다.
황제 폐하의 건강도
좋지 않고 이쯤에서
*퇴각하는 게…

*수나라 수(隋). 581년~618년.
*황후 황제의 부인.

어째서 그렇게
일찍 세상을 떠난 게요.
오늘따라 많이 보고 싶구려.

＊방해꾼 남의 일을 간섭하고 막아 해를 끼치는 사람을 낮잡아 이르는 말.

*문덕 황후 당 태종의 부인.
*연기 물질이 불에 탈 때 생겨나는 흐릿한 기체.

많이
힘드시군요.
헉! 황후…?
내가 지금 꿈을
꾸는 건가?
꿈이 아니에요.
당신을 위로해
드리러 왔죠.
오오.
믿어지지 않는군.
어떻게 이런 일이…
후후, 이 안에
들어가 있으면 훨씬
더 편해질 겁니다.
스르르
앗!
황후가
아니었군!
딩동댕!
하지만 이미
늦었습니다!
으아아아!
수아아악

*짓 몸을 놀려 움직이는 동작.

당장 마법 카드를 내놔요!
타 앗
팟
그래 봐야 소용없어! 이번엔 나의 승리 같은데?

역사를 엉망으로 만드는 게 얼마나 위험한 일인지 모르세요?
난 그런 건 관심 없어!
지 이잉
그럼 난 간다. 잘 있어!
같이 가요!
파 앗

크으! 어서 쫓아야 해!
역사가 엉망이 되도록 놔둘 순 없지!
하트 공주가 더 사고 치기 전에 막아야 해!

당의 태평성대

당 태종은 안정된 나라를 만들기 위해 노력했어요. 농민에게 농사지을 땅을 주고, 그 땅에서 난 농산물 중 일부를 세금으로 걷도록 했지요. 그리고 농사일이 없는 겨울에는 농민들을 모아 군사 훈련을 시켰어요. 또 능력만 있다면 신분에 상관없이 누구든 관리가 될 수 있게 해 주었어요. 당 태종의 이러한 노력으로 국가는 튼튼해지고 백성들의 삶은 풍요로워졌어요. 후세 사람들은 당 태종이 다스리던 이 시대를 '정관의 치'라 부르며 중국 역사상 최고의 태평성대라 칭송하고 있답니다.

국제도시, 장안성

중국 산시성 시안(서안)의 옛 이름은 장안이에요. 장안은 오랫동안 중국 여러 왕조의 수도였어요.
처음부터 계획하고 설계한 도시였다고 해요. 바둑판 모양으로 가로 9.7km, 세로 8.6km나 되는
거대한 규모의 성이었죠. 장안이 가장 번성했던 시기는 당나라 때였어요. 비단길과 바닷길을
통한 교역과 문화의 중심지였지요. 당시 장안은 인구 100만 명의 세계 최대 국제도시였다고
해요. '유럽에 로마가 있다면, 중국에는 장안이 있다'라고 말할 수 있어요. 오늘날 중국 산시성의
시안에는 옛 장안의 흔적이 남아 있어요.

동아시아 문화권

당나라 때에는 이전의 법과 제도가 완성되었고, 문화가 발달했어요. 주변 나라는 이를 받아들여 각자의 상황에 맞게 발전시켜 나갔지요. 한자를 익힌 유학생과 승려들은 당에서 율령과 유학 그리고 불교를 배우고 돌아갔어요. 그 결과 우리나라와 일본, 베트남에서는 한자·율령·유교·불교 등을 공통 요소로 하는 동아시아 문화권이 만들어졌지요. 한자는 공용 문자 역할을 했고, 율령은 왕권 강화와 통치 제도 정비에 이용되었어요. 유교는 통치 이념과 생활 윤리가 되었고, 불교는 왕실의 권위를 높임과 동시에 백성의 마음을 통합하는 데 큰 역할을 했어요.

불교와 유교
부처와 공자의 말씀에 따릅니다.

율령으로 통치
왕권 강화와 제도 정비에 이용합니다.

한자 사용
말은 달라도 한자만 알면 다 통해요.

동아시아 문화권

당 태종과 안시성 전투

중국을 다시 통일한 당은 태종이 즉위하면서 고구려와의 사이에 긴장이 감돌기 시작했어요. 북쪽의 돌궐을 정벌하고 고구려에도 압력을 가했거든요. 당 태종은 고구려의 여러 성을 차례대로 함락시키고 마침내 안시성을 포위했어요. 고구려로서는 안시성을 빼앗기면 수도 평양성이 위험해지는 상황이었지요. 안시성은 포위된 채 80여 일간 하루에도 몇 차례씩 공격을 받았지만, 안시성의 성주와 백성들은 목숨을 걸고 매일 당의 공격을 막아 냈어요. 결국 당 태종은 추위와 굶주림으로 철수할 수밖에 없었답니다.

세계 *최대의 몽골 제국

*최대 수나 양이 가장 큼.
*발휘 재능이나 능력을 떨치어 나타냄.

*잔뜩 한도에 이를 때까지 가득.
*얼른 시간을 끌지 않고 바로.

***초원** 풀이 나 있는 들판.
***정복자** 남의 나라나 이민족을 정벌하여 복종시킨 사람.

*흔적 어떤 것이 없어졌거나 지나간 뒤에 남은 자국이나 자취.
*희미하다 분명하지 못하고 어렴풋함.

*허허하다 텅 비어 있음.

*유목 민족 일정한 거처가 없이 물과 풀밭을 찾아 옮겨 다니며 목축을 하여 사는 민족.

*불가 불 주변.
*석탄 타기 쉬운 퇴적암으로 연료로 많이 쓰임.

***다행** 뜻밖에 일이 잘 되어 운이 좋음.
***기운** 생물이 살아 움직이는 힘.

*친절 매우 정겹고 고분고분하게 대하는 태도.
*속도 물체가 나아가는 빠르기.

그럼 실력을
보여 줄까?
꽉 잡아!
찰싹
달려라!

푸히힝
파 파팍

으아!
엄청 빠르잖아!
낙타가 이렇게
빠른 줄 몰랐어!
그래서 초원에서는
낙타를 교통수단으로
이용한대!
투 투 투 투
후욱 후욱

칭기즈 칸 (1162년~1227년)

인류 역사에서 가장 넓은 영토를 차지한 나라는 바로 몽골 제국이에요. 칭기즈 칸이 세운 나라이지요. 칭기즈 칸의 어릴 때 이름은 테무친이에요. 그는 몽골의 한 부족장 아들로 태어났는데, 어린 나이에 아버지가 살해되자 부족 사람들이 모두 떠나 버렸어요. 그 넓은 초원에서 어머니와 형제만 남게 되었지요. 그러나 테무친은 온갖 어려움을 극복하고 몽골 초원의 강력한 지도자로 성장했답니다. 주변 부족을 하나하나 정복하고 마침내 몽골 역사 최초의 통일 국가를 세웠지요. 부족 회의에서 그는 '칭기즈 칸'이라는 *칭호를 받았어요. 칭기즈 칸과 그의 후손들은 정복 전쟁에 나서 아시아에서 동유럽에 이르는 세계 최대 제국을 세웠어요.

*접근 가까이 다가감.
*칭호 어떠한 뜻으로 일컫는 이름.

96

***약혼** 혼인하기로 약속함.
***유언** 죽음에 이르러 남기는 말.

그럼 시작해 볼까?
어째 좀 *치사한 방법 같은데….
휙

스윽

나만 아니었으면 아버지가 그런 일을 당하지 않으셨을 텐데….
스윽
저기, 네가 테무친이니?

누구신지?

난 네 아버지가 돌아가시기 전에 정한 새로운 약혼자야.
아버지가 정한 새 약혼자요?

*위로 따뜻한 말이나 행동으로 괴로움을 덜어 주거나 슬픔을 달래 줌.
*상심 슬픔이나 걱정으로 속을 썩임.

***변장** 본래의 모습을 알아볼 수 없게 옷차림이나 얼굴, 머리 모양 따위를 다르게 바꿈.
***마찬가지** 사물의 모양이나 일의 형편이 서로 같음.

*확인 틀림없이 그러한가를 알아보거나 인정함.
*현명 어질고 슬기로워 사리에 밝음.

이, 이 정도면 됐지?
부들
부들
현명한 사람은 하루 종일 할 수 있다던데?

부들
부들
끄응
어째 당하고 있는 느낌인데?
응, 우리가 나설 필요도 없겠어.

휙
너 지금 일부러 날 괴롭히는 거지?
너야말로 아버지가 정한 약혼자라는 거짓말로 날 속이려고 했잖아! 정체가 뭐지?
탁

에잇! 꼬마라고 얕봤더니 만만한 녀석이 아니었군. 이번 작전은 실패다!
거봐요. 제가 뭐랬어요!
같은 작전을 두 번 쓰는 건 무리랬잖아요!
쌩~

*장래 다가올 앞날.
*기초 사물이나 일 따위의 기본이 되는 것.

내 약혼자를 구하러 간 것도 그런 이유였는데 결국 부족 다툼에 희생되신 거야.

모든 게 나 때문이야.
그건 아냐.

난 이제 아무것도 하고 싶지 않아.
엥? 이야기가 왜 그렇게 되는데?
저, 저기 그건 좀….

어쩌지? 테무친을 저대로 두면 역사가 달라져 큰 혼란이 생길 텐데!
뭔가 이상해! 혹시 하트 공주가 당 태종을 납치한 영향인가?
저벅
저벅

***불길하다** 운수가 좋지 않음. 또는 일이 예사롭지 않음.
***엄습** 감정이나 생각, 감각 따위가 갑작스럽게 들이닥치거나 덮침.

*어설프다 하는 일이 몸에 익지 않아서 익숙하지 못하고 엉성하고 거친 데가 있음.
*통하다 어떤 행위가 받아들여짐.

얼른 시작해.

테무친, 너에게
보여 줄 것이 있느니라.
끼릭

용기를 가지고
앞으로 나아간다면
넌 무엇이든 해낼 수
있을 것이다.

***용기** 씩씩하고 굳센 기운.
***절대** 어떠한 경우에도 반드시.

***작별** 인사를 나누고 헤어짐.
***곧** 때를 넘기지 않고 지체 없이.

*호라즘 제국 1077년부터 1231년까지 중앙아시아, 아무다리야강 하류 지역에 있던 나라.
*자비 남을 깊이 사랑하고 가엾게 여김.

＊**발견** 미처 찾아내지 못했거나 아직 알려지지 않은 걸 찾아냄.
＊**첩자** 한 국가나 단체의 비밀을 몰래 알아내어 대립 관계에 있는 국가나 단체에 제공하는 사람.

*수상하다 보통과는 달리 이상하여 의심스러움.

***타타르** 러시아 연방 중동부, 볼가강과 카마강 유역에 있는 자치 공화국.

*기병대 말을 타고 싸우는 병사들로 이루어진 군대.
*육포 쇠고기를 얇게 저미어 말린 포.

세계 최대의 제국을 세운 칭기즈 칸

몽골 초원에서 유목 생활을 하던 몽골 부족은 13세기 초 테무친에 의하여 통일되었어요. 그는 위대한 군주라는 뜻의 '칭기즈 칸'으로 추대되었지요. 칭기즈 칸은 교역로를 따라 정복 전쟁에 나서 중앙아시아로 영토를 확대했어요. 몽골 제국의 정복 사업은 후손들에 의해 계속되었지요. 중국 화북 지역과 서아시아 왕조를 차례로 무너뜨리고 러시아와 지금의 동유럽 헝가리까지 영토를 확장했어요. 그 결과 몽골 제국은 아시아에서 동유럽 헝가리에 이르는 인류 역사에서 가장 거대한 제국을 세웠답니다.

몽골 제국과 몽골 기마병

몽골인은 혹독한 자연환경에서 살면서 걸음마보다 말 타는 법을 먼저 익혔다고 해요. 달리는 말 위에서 활과 칼을 자유자재로 다룰 수도 있었지요. 강인한 체력과 말 다루는 솜씨는 몽골 군대를 세계 최강의 군대로 만들었어요. 몽골군은 전쟁에 나갈 때 여러 마리의 말을 몰고 갔어요. 말이 지치면 곧바로 갈아타면서 하루에 수백km를 달릴 수 있었지요. 강한 몽골 군대는 순식간에 아시아와 유럽의 여러 나라를 무너뜨렸어요. 유럽인들은 칭기즈 칸이라는 말만 들어도 벌벌 떨었다는 이야기가 전해지기도 해요.

현대의 정보 통신망 역참

몽골 제국은 광대한 영토를 원활하게 통치하기 위해 교역로를 따라 약 40km마다 일종의 정거장이라고 할 수 있는 역참을 설치했어요. 역참에서는 관리나 상인에게 말과 음식, 잠자리를 제공했어요. 역참은 황금을 머리에 이고 여행할 수 있을 만큼 안전했다고 해요. 상인들도 자유롭게 오가며 장사할 수 있었고, 이 교역로를 따라 아시아와 유럽의 학문과 종교 그리고 과학과 기술이 전해졌지요. 그런 의미에서 역참은 오늘날 정보 통신망과 같은 역할을 했다고 할 수 있어요.

역참

여행자에게는 중국이 안전하고 좋은 고장이었습니다. 홀로 많은 돈을 갖고 9개월이나 돌아다녀도 걱정이 없었지요. 전국의 모든 역참에는 숙소가 있는데, 관리자가 서기와 함께 전체 투숙객의 이름을 등록하고 일일이 확인 도장을 찍은 다음 숙소 문을 잠갔습니다. 다음 날 아침, 날이 밝은 후에 관리자가 서기와 함께 투숙객을 점호하고 상황을 상세히 기록했어요. 그러고는 사람을 파견해 다음 역참까지 안내했답니다. 전국의 역참은 이렇게 운영했어요.

퀴즈 교역로를 따라 40km마다 설치한 일종의 정거장은?　① 역참　② 주유소

우리나라 속 몽골 풍습

고려는 100여 년 동안 몽골의 간섭을 받았어요. 두 나라는 교류가 빈번했고 문화와 풍습도 자연스럽게 오갔지요. 몽골 사람이 즐겨 먹던 만두와 소주라는 술도 이때 소개되었어요. '수라', '마마' 등의 단어는 몽골 궁궐에서 쓰던 말이고, '벼슬아치', '장사치'의 '치'는 직업을 나타내는 몽골어에서 온 거예요. 반대로 몽골에도 고려의 종이와 먹, 고려청자, 나전 칠기, 화문석, 인삼 등이 전해져 큰 인기를 끌었어요. 채소에 쌈을 싸 먹는 방법과 약과의 일종인 고려병, 치마와 저고리가 분리된 고려식 치마저고리가 몽골에서 유행하기도 했답니다.

몽골풍

족두리와 연지
결혼할 때 머리에 얹는 족두리와 뺨에 찍는 연지

직업을 나타내는 '치'
몽골어에서 온 직업을 나타내는 '치'

고려양

고려병과 고려청자
고려식 간식과 고려 도자기

고려식 치마저고리
치마와 저고리가 분리된 고려식 치마저고리

부활한 한족의 왕조

*하류 강의 아래쪽 부분.

***상류** 강의 발원지에 가까운 부분.

무술 수련! 아직 형들보다 실력이 부족해서 가끔 여기 혼자 나와서 연습해.
끄덕
아하.

실력을 좀 보여 줄까?
정말?
휙
싸움도 잘하면 일석이조인데?

흐익! 공주님, 저기…!
엥? 저 녀석들이!

여기가 틀림없어?
응, 하트 공주님의 흔적이 이쪽으로 이어져 있어.
앗! 저기!

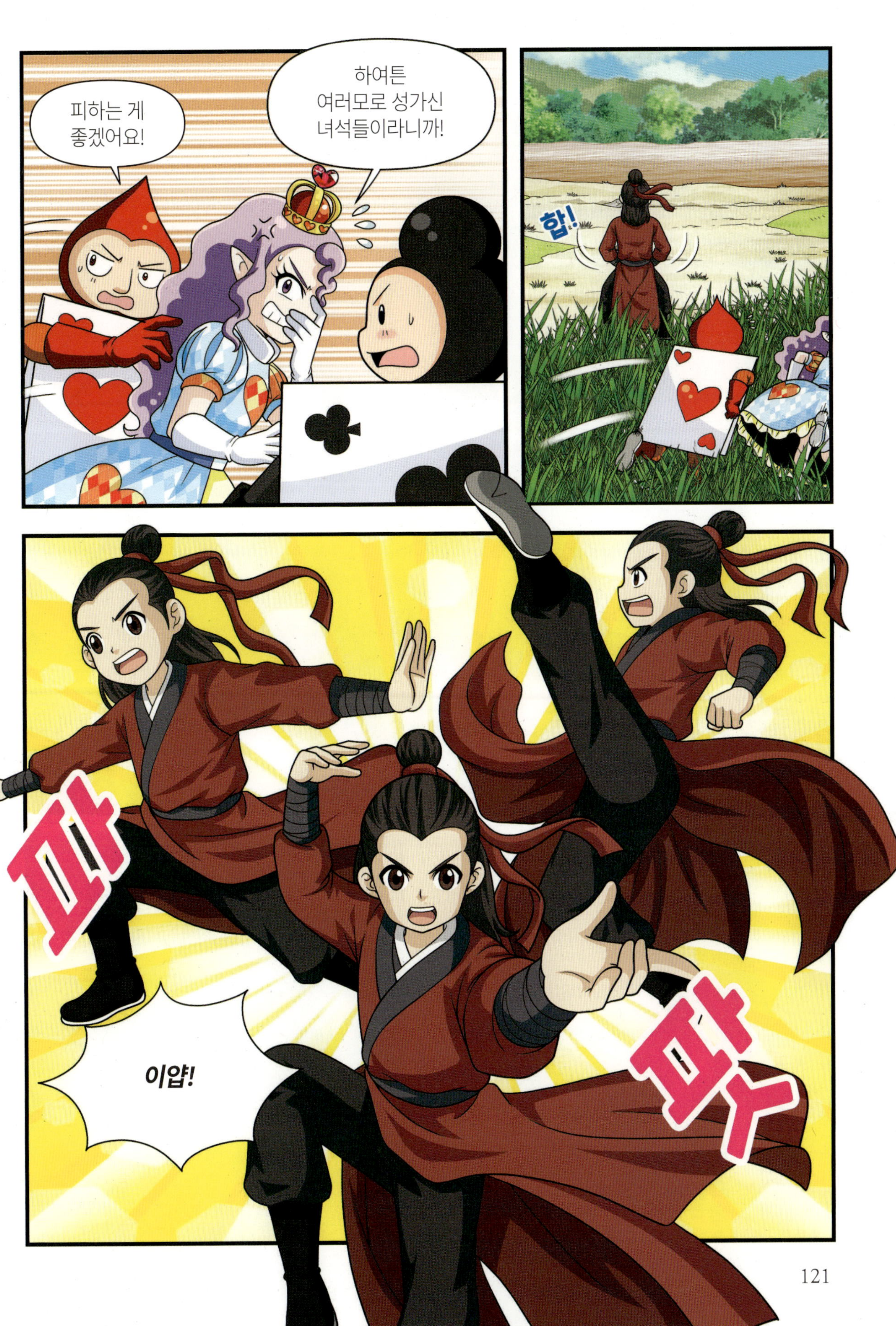

피하는 게
좋겠어요!
하여튼
여러모로 성가신
녀석들이라니까!
합!
파
이얍!
팟

***혹시** 그럴 리는 없지만 만일에.
***낯설다** 전에 본 기억이 없어 익숙하지 않음.

*지금 말하는 바로 이때.
*정체 참된 본디의 형체.

*유인 주의나 흥미를 일으켜 꾀어냄.

*작전 어떤 일을 이루기 위해 필요한 조치나 방법.
*감쪽같이 꾸미거나 고친 것이 전혀 알아챌 수 없을 정도로 티가 나지 않게.

*빠릿빠릿하다 똘똘하고 행동이 날램.

***유감** 마음에 차지 않아 섭섭하거나 불만스럽게 남아 있는 느낌.

*호락호락 일이나 사람이 만만하여 다루기 쉬운 모양.
*순순히 성질이나 태도가 매우 고분고분하고 온순하게.

***덕분** 베풀어 준 은혜나 도움.

*혼란 마음이나 정신 따위가 어둡고 어지러움.
*후손 자신의 세대에서 여러 세대가 지난 뒤의 자녀를 통틀어 이르는 말.

***나중** 얼마의 시간이 지난 뒤.
***누설** 비밀이 새어 나감.

*도적떼 남의 물건을 훔치거나 빼앗는 따위의 나쁜 짓을 하는 무리.
*증명 어떤 사항이나 판단에 대해 그것이 진실인지 아닌지 증거를 들어서 밝힘.

*다음 어떤 차례의 바로 뒤.
*잔뜩 한도에 이를 때까지 가득.

어렸을 때랑
많이 다른데?
그야
나이 들면서
변했겠지!
먼 바닷길을 떠나는
그대들의 앞길에
오직 영광과 승리만이
함께하길 빌겠다!
저벽
저벽
저분이 황제네!
그럼 그렇지!
그렇구나!
소년 시절의 모습이
남아 있어.
가만.
황제가 있다는
얘기는…!
맞다!
하트 공주!

분명 이곳에
있을 거야!

저기!
살금
살금

영락제에게
가까이 접근할 기회를
노리는 걸 거야!
여기서 소동을
일으키면 병사들이
달려올 텐데.

일단 이 안에
숨어서 지켜보자!
응.

병사들이
너무 많은데
어쩌죠?
음….
방해꾼 녀석들도
또 나타날지
모르고요!

이 안에 숨어서
기회를 보자!
오! 그거
좋네요!

136

*마차 말이 끄는 수레.
*항구 배가 안전하게 드나들도록 강가나 바닷가에 부두 따위를 설비한 곳.

응, 영락제는 주변 지역을 정복하고 이어서 일곱 번이나 해양 원정대를 파견한 황제야! 원정을 이끈 사람이 바로 정화고.
이대로 있으면 바다 건너 어딘가 낯선 나라로 간다는 소리?

안 되겠다! 일단 여기서 탈출하는 게 좋겠어!
그게 좋겠어!

할 수 없군! 상자를 부수고 나가자!
네!

탈출!
탈출!
퍽
퍽
으잉?
앗!

138

***때** 좋은 기회나 알맞은 시기.
***노리다** 무엇을 이루려고 모든 마음을 쏟아서 눈여겨봄.

영락제 (1360년~1424년)

14세기 몽골 제국의 차별에 불만을 가진 한족들이 여기저기에서 일어났어요. 그중 주원장은 *세력을 모아 난징(남경)에 한족의 나라인 명을 세웠지요. 주원장의 넷째 아들 주체는 몽골 세력을 북쪽 고비 사막 너머로 쫓아내고 3대 황제가 되어 명나라의 전성기를 이끌었죠. 이 사람이 바로 영락제예요. 황제가 된 그는 황제의 권력을 강화했어요. 자신의 근거지인 베이징으로 수도를 옮기려고 몽골이 세운 궁궐을 헐고 그 자리에 거대한 궁궐을 새로 지었어요. 이 궁궐이 자금성이에요. 이어 세상에 명나라의 힘을 알리고 싶어서 세계 여러 나라에 사신을 보냈지요. 그중 정화는 일곱 번이나 함대를 이끌고 멀리 아프리카 동해안까지 다녀왔어요.

***소동** 놀라거나 흥분하여 시끄럽게 법석거리고 떠들어 대는 일.
***세력** 권력이나 기세의 힘.

*경 그 시간 또는 날짜에 가까운 때.
*자금성 1407년 명나라 영락제가 만든 명나라·청나라 때의 궁성.

*완공 공사를 완성함.
*화려 환하게 빛나며 곱고 아름다움.

꼼짝 마라!
이곳은 아무나 *출입할 수 없는 곳이다!
그게… 저희는 궁전 구경 좀 하려고….
멈추어라!
어? 영락제?
?
따라오거라.
오래전 일이라 우리 얼굴을 잊었나 봐.
그런 것 같지?
꼬덕
파앗

***출입** 어느 곳을 드나듦.

*완성 완전히 다 이룸.
*도서관 책, 문서, 출판물 등의 자료를 모아 두고 볼 수 있도록 한 시설.

앗! 이건!
내 어린 시절
모습을 만든 거다!

훗, 어렸을 땐
책보다 무술을 더
좋아했는데….

….
아, 아니에요.
그냥 혼잣말이에요.

자, 내가
보여 주고 싶은 건
바로 이거다!
이게 다 몇 권이야?
1천 권? 2천 권?
아니 그보다 훨씬 더
많으려나?
책이잖아요?

*《영락대전》 1407년 명나라 때 영락제의 명령으로 만들어진 중국 최대의 백과사전.
*민망하다 낯을 들고 대하기가 부끄러움.

***사서** 도서관 따위에서, 자료의 수집, 정리, 보존 및 열람에 관한 일을 하는 사람.

***설득** 상대편이 이쪽 편의 이야기를 따르도록 여러 가지로 깨우쳐 말함.
***개시** 행동이나 일 따위를 시작함.

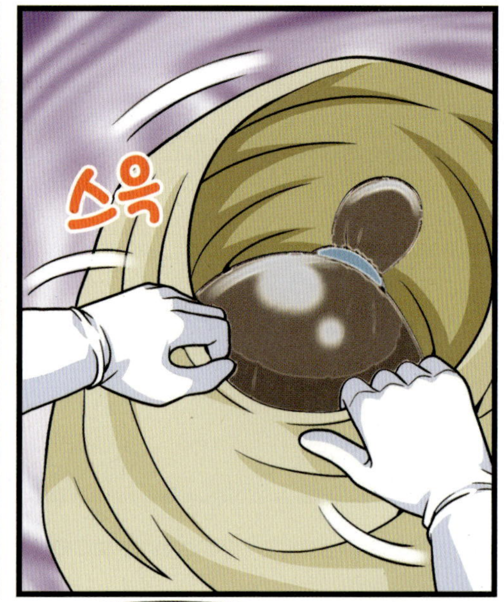

***자루** 속에 물건을 담을 수 있도록 헝겊 따위로 길고 크게 만든 주머니.
***도자기** 도기, 자기, 사기, 질그릇 따위를 통틀어 이르는 말.

응? 방금 저쪽에서 무슨 소리가…!
하트 공주님이야!

타타타

!
하트 공주님!
두고 보자!

이번엔 절대 놓치면 안 돼!
파 앗

저 친구들은 또 이렇게 갔군.
그래도 이 정도면 *멋진 사람으로 보였으려나?

***멋지다** 보기에 썩 좋음.

명나라의 전성기

명을 세운 주원장은 큰아들인 황태자를 제외한 아들들을 국경 지역의 왕으로 보냈어요. 넷째 아들인 주체 역시 북쪽 베이징(연경)의 연왕이 되었지요. 주체는 아버지를 도와 몽골 세력을 고비 사막 너머로 쫓아내고 국경 지대를 안정시켰어요. 주체가 이끄는 군대는 명나라에서 제일 강했지요. 그 후 황태자의 어린 아들이 황제가 되었는데, 신하들은 '막강한 군사력을 가진 삼촌들을 없애야 한다'고 주장했어요. 주체는 황제 옆의 간신을 없앤다는 구실로 군사를 일으켰고, 주체의 군대는 난징(남경)을 점령했어요. 주체는 스스로 황제 자리에 올라 영락제가 되어 명나라의 전성기를 이끌었어요.

베이징에 세운 자금성

자금성은 명나라 영락제가 자신의 근거지인 베이징으로 수도를 옮기기 위해 지은 궁궐이에요.
전국에서 건축 재료를 모으는 데 12년이 걸렸고, 3년에 걸쳐 약 50만 명의 인부가 동원되어
만들었어요. 동서로 753m, 남북으로 961m 길이에 전체 넓이가 72만㎡에 달한다고 해요.
10m 높이의 성벽과 52m 길이의 해자가 궁궐을 보호하고 있지요. 지붕은 황금색 기와로 덮여
있는 등 황제의 위엄이 최대한 돋보이도록 꾸며졌어요. 지금은 박물관으로 바뀌어 베이징에 간
여행객이라면 꼭 방문하는 곳 중 하나가 되었어요.

중화사상과 정화의 원정

중국 사람들은 자신들이 세상의 중심이라 믿었고, 이것을 중화라고 해요. 중화의 지배자인 황제는
하늘의 명령을 받아 세상을 지배한다고 생각해서 천자라 불렀고요. 주변 국가는 신하가 되어
조공을 바치고, 황제는 조공을 바친 나라의 왕을 인정해 주는 책봉을 했어요. 영락제는 사절단을
보내 조공국을 확대해 나갔어요. 정화가 이끈 해외 원정은 대형 선박 62척에 선원 28,000명을
태우고 동남아시아 여러 나라와 인도를 거쳐 아프리카 동해안까지 다녀왔지요. 26년간
총 일곱 차례에 걸친 대규모 원정은 영락제의 권위와 명나라의 힘을 세상에 알리기 위한
것이었어요.

한·중·일이 참가한 동아시아 전쟁

1592년 일본이 조선을 침략하면서 임진왜란은 시작되었어요. 조선과 일본, 조선을 도우러 온 명나라까지 동아시아 세 나라는 전쟁에 휩싸이게 되었지요. 특히 전쟁터였던 조선은 수많은 사람이 목숨을 잃었고, 토지가 거칠어져 못 쓰게 되었어요. 일본군은 전쟁 중에 조선의 문화재를 약탈하고 뛰어난 도자기 기술자들을 잡아갔지요. 전쟁이 끝나고 동아시아에는 큰 변화가 일어났어요. 일본에서는 도쿠가와 이에야스가 에도에 막부를 세우고 일본의 새로운 주인이 되었어요. 중국에서는 만주족(여진족)이 흩어져 있던 부족을 통일하고 청나라를 세우고, 명을 대신해서 중국을 지배하게 되었어요.

일본은 조선을 침략해 내부의 갈등을 덮으려고 했어요.

일본은 조선의 문화재를 약탈하고, 도자기 기술자나 활자 기술자 등 많은 사람들을 잡아갔어요.

전쟁이 끝난 뒤 명이 쇠퇴하고 청나라가 등장했고, 일본에서도 에도 막부가 열렸지요. 임진왜란은 역사상 최초의 동아시아 전쟁이었어요.

퀴즈 일본에서 도쿠가와 이에야스가 세운 정권은?　① 무신 정권　② 에도 막부

청의 *강건성세, 강희제

***강건성세** 청나라의 강희제부터 건륭제까지 중국이 부흥하던 시기를 말함.
***왕조** 임금이 친히 다스리는 조정.

***선교사** 외국에 파견되어 기독교의 전도에 종사하는 사람.
***조공** 종속국이 종주국에 때를 맞추어 바치는 예물.

강희제 (1654년~1722년)

만주족이 세운 청나라는 중국의 마지막 왕조예요. 4대 황제인 강희제는 *무려 61년이나 황제 자리에 있었지요. 강희제는 청나라의 태평성대의 문을 활짝 열었어요. 그는 근면하고 검소한 황제였다고 합니다. 매일 새벽 4시에 일어나 직접 *상소문을 읽고 사인까지 했다고 해요. 또 낭비를 없애고 근검절약하는 생활을 실천했지요. 그 결과 나라 살림이 넉넉해져 몇 차례에 걸쳐 백성의 세금을 줄여 주었답니다. 덕분에 백성은 안정된 생활을 할 수 있었어요. 강희제의 뒤를 이어 옹정제와 건륭제에 이르는 약 130여 년 동안 청은 전성기를 이루었고, 이를 '강건성세'라 부릅니다. 중국 역사에서 가장 번성한 시기랍니다.

*무려 그 수가 예상보다 상당히 많음.
*상소문 임금에게 올린 글.

***천연두** 천연두 바이러스가 일으키는 급성 감염병.
***마저** 남김없이 모두.

*무렵 대략 어떤 시기와 일치하는 즈음.
*친위대 임금이나 국가 원수 등의 신변을 안전하게 지키는 부대.

***삼번의 난** 1673년부터 1681년까지 청나라 초, 오삼계, 상지신, 경정충 등의 삼번이 청나라에 대항하여 일으킨 반란.

***경비대** 경비 임무를 맡은 부대.
***납품** 계약한 곳에 주문받은 물품을 가져다줌.

***사냥** 총이나 활 또는 길들인 매나 올가미 따위로 산이나 들의 짐승을 잡는 일.
***짐** 다른 곳으로 옮기기 위하여 챙기거나 꾸려 놓은 물건.

***설마** 그럴 리는 없겠지만.
***통과** 검사, 시험, 심의 따위에서 해당 기준이나 조건에 맞아 인정되거나 합격함.

***얼른** 시간을 끌지 않고 바로.

이상하네?
분명히 이 주변에
발자국이 있는데….
두리번
두리번
두리번
두리번

네 녀석들은
누구냐?
앗! 저 옷은…!
황제…?
어?

내가 누군지 모르나
본데 *장난 좀 쳐 볼까?

그래, 내가 황제다.
그런데 여긴 어떻게
들어왔느냐?
그, 그게….
킥
킥

***장난** 짓궂게 하는 못된 짓.

*복장 옷을 차려입은 모양.
*유지 어떤 상태나 상황을 그대로 보존하거나 변함없이 계속하여 지탱함.

***거짓말** 사실이 아닌 것을 사실인 것처럼 꾸며 대어 말을 함.
***예상** 어떤 일을 직접 당하기 전에 미리 생각하여 둠.

*혼자 다른 사람과 어울리거나 함께 있지 않고 동떨어져서.
*어서 일이나 행동을 지체 없이 빨리하기를 재촉하는 말.

***검소** 사치하지 않고 꾸밈없이 수수함.

황제를 찾아야 하는데 저 녀석들 때문에 꼼짝할 수가 없네.

어? 저 사람이 황제 아니에요?
흐흐흐. 내가 바본 줄 알아? 역사책을 보니 지금 황제는 60*세가 훨씬 넘었어.

와! 불로초의 위력이 대단해요! 60대가 아니라 40대 정도로 밖에 안 보여요!
뭐?

방금 얘기 들으셨죠? 저 사람이 황제 맞아요!
그랬군. 그렇다면 놓칠 수 없지!

*세 나이를 세는 단위.

작전 개시!
얍!
휙
휙

*기회 어떠한 일을 하는 데 적절한 시기나 경우.

***마법** 마력으로 불가사의한 일을 행하는 술법.
***틈** 어떤 행동을 할 만한 기회.

*뒤죽박죽 여럿이 마구 뒤섞여 엉망이 된 모양.

***소개** 서로 모르는 사람들 사이에서 양편이 알고 지내도록 관계를 맺어 줌.
***행세** 해당되지 아니하는 사람이 어떤 당사자인 것처럼 처신하여 행동함.

***성과** 이루어 낸 결실.
***행동** 몸을 움직여 동작을 하거나 어떤 일을 함.

어라?
스윽

이건 당 태종 카드야!
당 태종
뭐라고?

이 카드의 당 태종은 얼른 원래 세계로 되돌려야겠어.
지이익
슈아아야

휴, 다행이다. 역사를 바로 잡았어.
당 태종은 원래 세계로 잘 가셨겠지?
슈아아아
무사히 가셨을 거야. 걱정 마.

음? 방금 무슨 일이 있던 것 같은데?
허둥
아무 일도 없었어요.
지둥

황태자를 잡아갈 때 카드를 잃어버린 건가?
차라리 잘 됐어! 당 태종도 구하고 청나라 황제도 지켰잖아!

하지만 황태자가 잡혀갔으니….
우리가 구해와야겠군.

잠깐! 그럴 필요 없다!
네?

하지만 추적대를 보내서 황태자를 구해오는 게….
아니, 아무리 황태자라도 황제인 척하는 건 반역이나 다름없다!
내 자식이라도 용서할 수 없어! 벌을 좀 받아야 해!

*뒤치다꺼리 뒤에서 일을 보살펴서 도와주는 일.

*돌려보내다 사람이나 물건을 본래 있던 곳으로 도로 보냄.

*폐위 왕이나 왕비 등의 자리에서 몰아냄.
*해결 제기된 문제를 해명하거나 얽힌 일을 잘 처리함.

***덕분** 베풀어 준 은혜나 도움.
***후계자** 어떤 일이나 사람의 뒤를 받아 잇는 사람.

공주님, 이젠 중국 황제 납치 계획은 포기하시는 거죠?
천만에!
번뜩

네? 더 이상 납치할만한 뛰어난 황제도 없을 텐데….
황제는 아니지만 이후 중국 역사에 위대한 인물들이 많더라고!
LIVE 세계사 ⑤ 중국 1 편 끝.

다음 차례는 바로 그들이야!
그런데 왜 이렇게 불안하지?

청나라의 통합 정책

처음 청이 중국을 지배했을 때는 언제 반란이 일어날지 모를 만큼 불안정했어요. 중화사상으로 물든 한족은 변방 민족인 만주족의 지배를 달갑게 여기지 않았기 때문이에요. 그래서 청나라는 유학을 장려하고 과거제를 실시하는 등 명나라의 통치 제도를 그대로 유지하며 한족의 앞선 제도를 받아들여 나라의 통합을 이루었어요. 한편으로는 강압책도 함께 실시했어요. 만주족에 대한 복종의 표시로 앞머리는 모두 깎고 뒷머리만 길게 땋는 변발을 강요하고, 청의 지배에 반발하는 내용의 책을 금지했지요.

오늘날 중국의 영토

청나라 4대 황제인 강희제에서 손자 건륭제에 이르는 시기에 오늘날 중국 영토가 대부분 만들어졌어요. 강희제는 러시아와 처음으로 조약을 맺고 북쪽 국경을 안정시킨 후 활발한 정복 활동을 펼쳤어요. 중국의 서북방을 끊임없이 위협하던 몽골의 한 부족인 중가르를 두 차례에 걸쳐 정복했지요. 그리고 중앙아시아의 동투르키스탄도 정복하여 청의 영토로 만들었어요. 바로 오늘날의 시짱 지역과 신장 지역이에요. 건륭제는 티베트, 내몽골 그리고 타이완 등을 정복하며 청의 영토를 최대로 확장했어요.

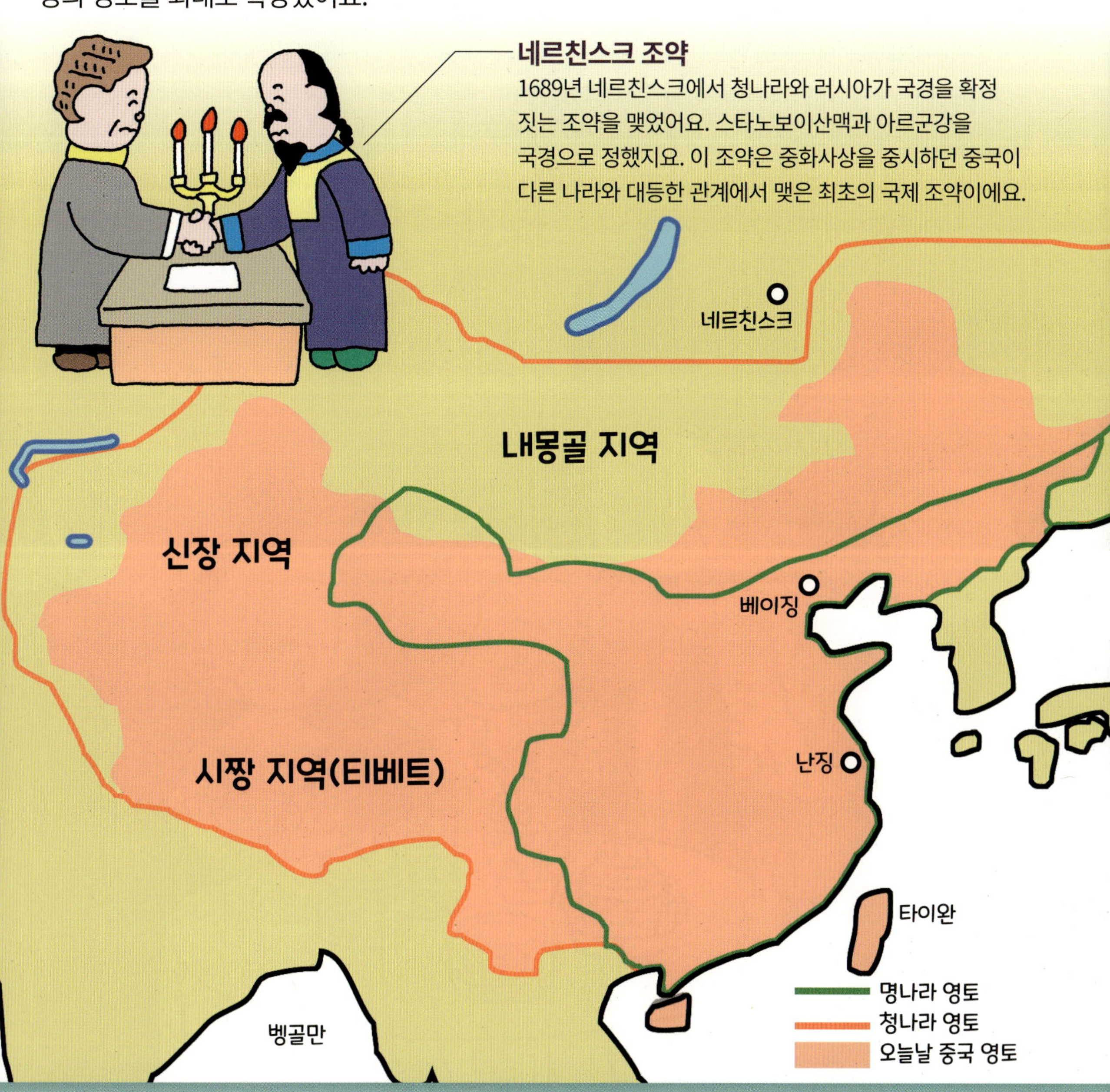

유럽의 중국 열풍

명나라 말 이래 서양 선교사들의 중국 왕래가 늘어나면서 서양에서 앞서 발전한 학문과 기술이 중국에 전해졌지요. 반대로 중국의 사상과 문물도 유럽에 전해졌어요. 중국의 과거와 유학이 유럽에 소개되었고, 유럽 지식인 사이에서는 공자의 유학을 이상적인 정치사상으로 보기도 했어요. 또한 중국에서 수입한 도자기나 가구 등은 유럽의 황실과 귀족 사이에서 큰 인기를 끌었어요. 중국 열풍으로 유럽의 궁전에서는 중국의 청화 백자로 장식한 자기방을 너도나도 만들었을 정도예요. 비단으로 만든 옷을 입고, 중국산 도자기에 중국산 차를 마시는 것이 당시 유럽 황실의 유행이었다고 해요.

독일 포츠담의 상수시 궁전

퀴즈 명나라 말 유럽 사회에 일으킨 중국 열풍은?   ① 청화 백자   ② 초콜릿

청으로 간 연행사

연행사라 부르는 조선의 사절단은 수시로 청나라를 오갔어요. 조선은 청나라에 신하의 예를
갖추는 대신 정치적 안정을 보장받고, 경제적·문화적으로 이익을 얻을 수 있었지요. 보통 300여
명으로 구성된 사신들은 음식도 환경도 모든 것이 낯선 6천여 리의 먼 길을 힘들게 오갔어요.
하지만 괴롭기만 한 건 아니에요. 연행길에 상인도 끼어 교역의 규모도 커졌고, 베이징에서
중국의 학자와 문화 교류에 힘쓰고 앞선 학문을 받아들여 조선에 전하는 이들도 생겨났거든요.
중국에 들어온 서양 문물도 이런 활동을 통해 조선 사회로 전해지게 되었답니다.

퀴즈 청나라에 간 조선 사절단은?　① 유엔 특사　② 연행사

도기가 중국의 역사와 문화 ○× 퀴즈에 도전했어요.
답을 골라 해당하는 번호로 이동하여 마지막 칸으로 골인해 보세요.

START!

❶
진나라의 시황제는 중국 역사상 최초의 황제야.
○ 한 칸 앞으로
× 한 칸 뒤로

❷
북방 이민족의 공격을 막기 위해 진시황제는 피라미드를 만들었어.
○ 한 칸 앞으로
× 두 칸 앞으로

❸
퀴즈를 다시 풀어 보세요!

❹
진시황제는 흙으로 빚은 병사와 말 인형을 만들어 황릉에 집어넣었어.
○ 두 칸 앞으로
× 한 칸 뒤로

❺
장안은 오랫동안 중국 여러 왕조의 수도였지만 한적한 시골 마을이야.
○ 두 칸 뒤로
× 두 칸 앞으로

❻
장건은 한나라 때 동맹을 맺기 위해 서역으로 떠났고 그 결과 비단길이 개척되었어.
○ 한 칸 뒤로
× 세 칸 뒤로

❼
세계 최대 제국을 세운 칭기즈 칸은 그리스 최고의 장군이야.
○ 두 칸 앞으로
× 한 칸 앞으로

10
명나라 영락제는 베이징으로 수도를 옮기기 위해 베르사유 궁전을 지었어.
O 한 칸 뒤로
X 한 칸 앞으로
9
퀴즈를 다시 풀어 보세요!
11
명나라의 정화는 명의 힘을 세상에 알리기 위해 해외 원정을 떠났어.
O 두 칸 앞으로
X 한 칸 앞으로
8
몽골 제국은 황제만 이용할 수 있도록 40km마다 일종의 정거장을 설치해 말과 음식, 잠자리를 제공하는 궁전을 만들었어.
O 한 칸 앞으로
X 두 칸 앞으로
12
퀴즈를 다시 풀어 보세요!
13
중국 마지막 왕조인 청나라 때엔 조선의 연행사가 사절단으로 왕래했어.
O 한 칸 앞으로
X 한 칸 뒤로
GOAL
도착했다!

네모 칸에 있는 초성을 보고 알맞은 단어를 적어 보세요.

① ㅁ ㄹ ㅈ ㅅ

힌트1 중국의 세계 문화유산
힌트2 진시황제
힌트3 북방 이민족을 막기 위해 세움

② ㅂ ㄷ ㄱ

힌트1 한나라 무제와 장건
힌트2 고대 무역로
힌트3 중국의 비단이 로마까지 전해짐

③ ㅊ ㄱ ㅈ ㅋ

힌트1 몽골 부족 통일
힌트2 인류 역사상 가장 거대한 제국 건설
힌트3 본명은 테무친

④ ㅈ ㄱ ㅅ

힌트1 베이징에 있는 황궁
힌트2 명나라 영락제
힌트3 지금은 박물관으로 쓰임

⑤ ㅈ ㅎ

힌트1 명나라 영락제
힌트2 해외 원정
힌트3 아프리카 동해안까지 다녀온 명나라 사절단 대표

문제를 풀고 정답을 맞히면 저울추를 모을 수 있어요.
저울추를 모아서 양팔 저울이 평행이 되게 만들어 보세요.

1 다음 세계 문화유산에 대한 설명으로 알맞은 것은 무엇일까요?

① 진시황제가 흉노를 막기 위해 세운 건축물이야.

② 중국을 북에서 남으로 가로지르는 성벽이야.

③ 지금도 그 모습을 완벽하게 보존하고 있어.

④ 남한산성은 경기도에 있어.

2 다음 그림을 보고 알 수 있는 진시황제의 업적은 무엇일까요?

진시황제는
□□□, □□□, □□□을 하나로 통일하였다.

나라를 잘
다스리기 위해
통일 정책을
펴겠다!

●●의 통일
도전
의비전
반량전
포전

●●의 통일

●●●의 통일
저울에 다는
구리추
되

3 다음 지도의 선은 무엇을 나타내는 것인지 설명을 읽고 쓰세요.

한나라의 무제는 흉노를 물리치려고 멀리 서역에 있는 월지라는 나라와 군사 동맹을 맺기 위해 장건을 보냈어요. 동맹은 실패했지만, 이를 계기로 한나라와 서역 사이에 길이 열리게 되었죠. 이 길을 통해 포도와 호두, 낙타 등이 중국에 전해졌고, 중국의 비단이 멀리 로마까지 전해졌어요.

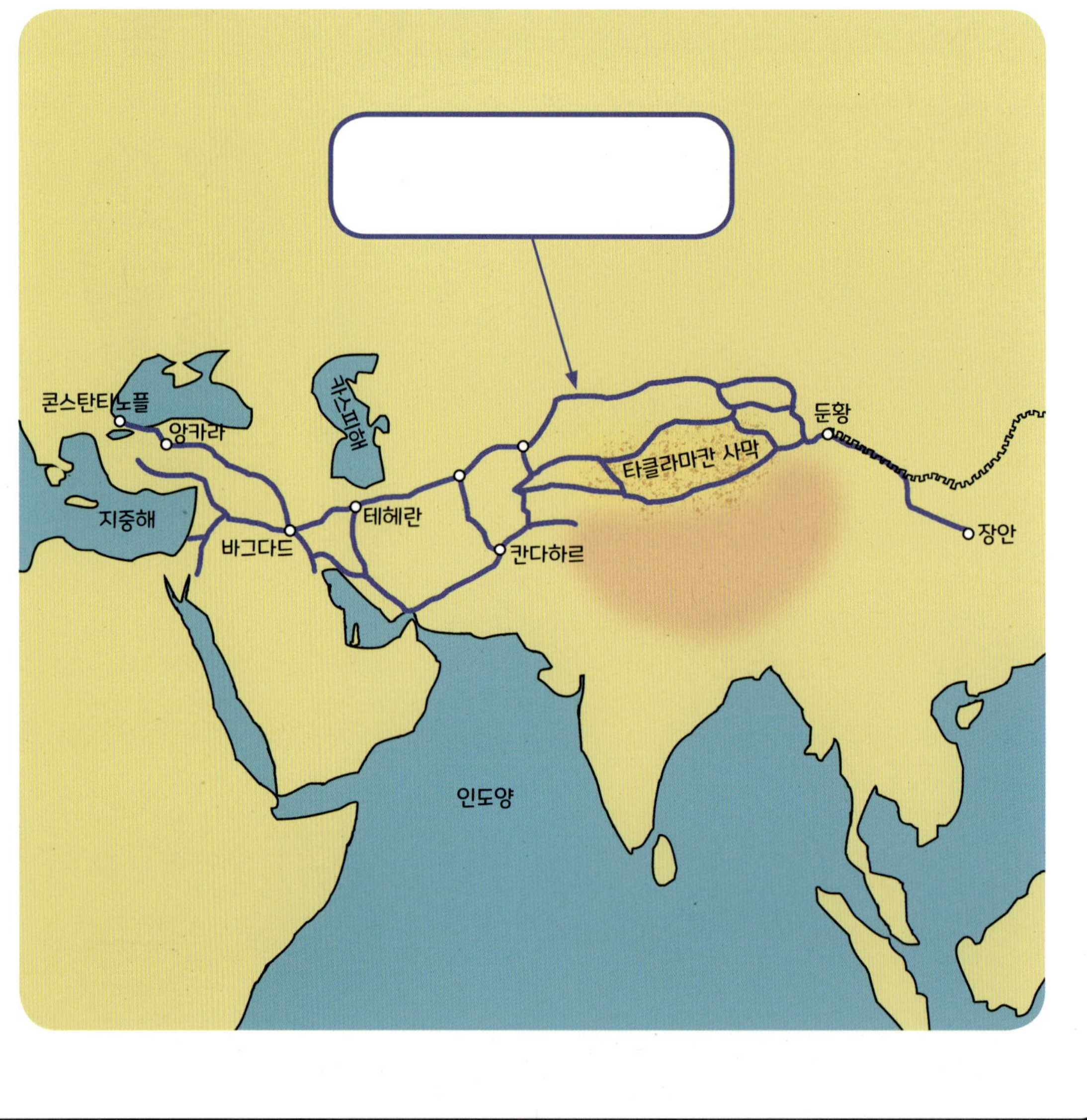

4 다음에서 설명하는 도시의 이름은 무엇일까요?

- 중국 산시성 시안의 옛 이름이에요.
- 중국 여러 왕조의 수도였어요.
- 처음부터 계획하고 설계한 도시로,
  바둑판 모양으로 된 거대한 규모의 성이에요.
- 가장 번성한 시기는 당나라 때인데, 세계 최대의 국제도시였어요.
- 비단길과 바닷길을 통한 교역과 문화의 중심지였어요.

① 수원　　② 장안　　③ 모스크바　　④ 로마

5 다음에서 말하는 것이 무엇인지 네모 칸에 알맞은 말을 쓰세요.

당나라 때에는 법과 제도가 완성되었고, 문화가 발달했어요.
주변 나라도 이를 받아들여 각자의 상황에 맞게 발전시켜 나갔지요.
그 결과 중국, 일본, 베트남 그리고 우리나라에서는
한자·율령·유교·불교 등을 공통 요소로 하는
□□□□　□□□이 만들어졌지요.

불교와 유교
부처와 공자의 말씀에
따릅니다.

율령으로 통치
왕권 강화와 제도 정비에
이용합니다.

한자 사용
말은 달라도
한자만 알면 다 통해요.

6 밀크T 친구들은 누구에 대해 이야기하고 있나요?

① 진시황제　　② 루이 14세

③ 람세스 2세　　④ 칭기즈 칸

7 다음 설명을 읽고 어떤 제도에 대한 것인지 고르세요.

몽골 제국은 광대한 영토를 원활하게 통치하기 위해 교역로를 따라 약 40km마다 일종의 정거장을 설치해서 이곳을 지나는 관리나 상인에게 말과 음식, 잠자리를 제공했어요.

① 3성 6부　　② 화랑　　③ 역참　　④ 지방 자치 제도

 다음 중 명나라의 영락제가 건설한 것은 무엇일까요?

① 

② 

③ 

④ 

 다음에서 설명하는 것은 무엇일까요?

중국 사람들은 자신들이 세상의 중심이라 믿었어요. 황제는 하늘의 명령을 받아 세상을 지배한다고 생각해서 천자라 불렀고, 주변 국가는 신하가 되어 조공을 바치고, 황제는 조공을 바친 나라의 왕을 인정해 주는 책봉을 했지요.

① 마르크스주의　　② 프롤레타리아 혁명

③ 전통주의　　④ 중화사상

도전 세계사 놀이 퀴즈·말판 놀이

도전 세계사 놀이 퀴즈·초성 퀴즈

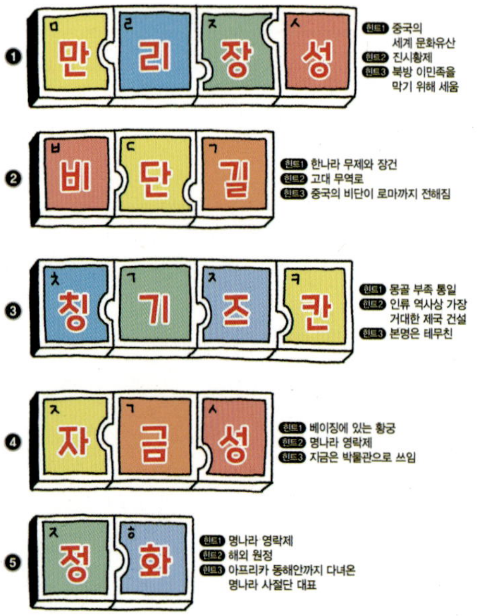

도전 세계사 놀이 퀴즈·저울 무게 재기

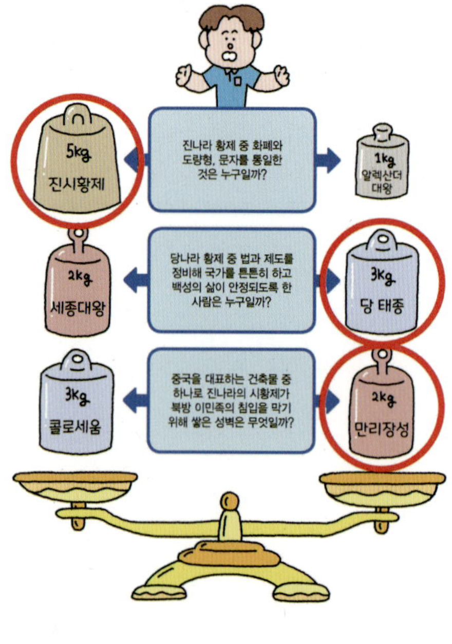

1 답 ①

진시황제는 흉노를 막기 위해 만리장성을 건설했다.

2 답 화폐, 문자, 도량형

진시황제의 통일 정책은 오늘날 중국의 기틀이 되었다.

3 답 비단길

한나라의 무제는 흉노를 물리치기 위해
서역에 있는 '월지'라는 나라와 군사 동맹을 맺기 위해 장건을 보냈다.
이를 계기로 한나라와 서역 사이에 길이 열리게 되었는데, 이를 비단길이라고 한다.

4 답 ②

당나라 수도 장안은 오랫동안 중국 여러 왕조의 수도였다.

5 답 동아시아 문화권

베트남은 지리적으로는 동남아시아 국가이지만, 문화적으로는 동아시아 문화권에 속한다.

6 답 ④

칭기즈 칸이 세운 몽골 제국의 등장으로 동서 세계가 활발하게 교류할 수 있었다.

7 답 ③

몽골 제국 시기에는 역참을 바탕으로 동서 교류가 활발하게 이루어졌다.

8 답 ①

①번 사진의 자금성은 명나라의 영락제가 지었다.
②번은 프랑스 베르사유 궁전,
③번은 스페인의 알람브라 궁전,
④번은 우리나라의 창덕궁이다.

9 답 ④

중화사상은 중국 한족 중심의 눈으로 세상을 보고자 하는 주장이다.

중국

기원전

- **770년** 춘추 전국 시대
- **221년** 시황제, 중국 통일
- **202년** 한나라 건국
- **139년** 장건, 월지 파견

기원후

- **105년** 채륜, 종이 개량
- **618년** 당나라 건국
- **626년** 현무문의 변, 이세민 즉위
- **627년** 정관의 치
- **645년** 당 태종, 고구려 원정 후 패퇴
- **1206년** 테무친, 칭기즈 칸 즉위
- **1351년** 홍건적의 난
- **1368년** 명나라 건국
- **1405년** 정화 원정
- **1616년** 누르하치, 후금 건국
- **1636년** 후금, 청으로 국호 고침
- **1673년** 삼번의 난
- **1839년** 임칙서, 아편 몰수
- **1840년** 아편 전쟁
- **1851년** 태평천국 운동
- **1911년** 신해혁명
- **1949년** 중화 인민 공화국 수립

칸으로 추대된 테무친

정화 원정

임칙서, 아편 몰수

<table>
<tr><th>세계사</th><th>한국사</th></tr>
<tr><td>

기원전

3500년경	메소포타미아 문명 등장
2500년경	인더스·황허 문명 등장
753년	로마 건국
264년	포에니 전쟁
27년	로마 제정 시작

기원후

375년	게르만족 대이동 시작
395년	로마 제국, 동서로 분열
622년	헤지라(이슬람의 기원 원년)
1096년	십자군 원정 시작
1302년	프랑스, 삼부회 소집
1337년	영국–프랑스, 백 년 전쟁(~1453)
1492년	콜럼버스, 아메리카 항로 발견
1642년	영국, 청교도 혁명
1688년	영국, 명예혁명
1776년	미국, 독립 선언
1789년	프랑스, 프랑스 혁명
1914년	제1차 세계 대전
1939년	제2차 세계 대전

</td><td>

기원전

2333년	고조선 건국
57년	신라 건국
37년	고구려 건국
18년	백제 건국

기원후

532년	신라, 금관가야 병합
698년	발해 건국
918년	고려 건국
1392년	고려 멸망, 조선 건국
1443년	훈민정음 창제
1592년	임진왜란(~1598)
1866년	병인박해, 병인양요
1871년	신미양요
1876년	강화도 조약 체결
1897년	대한 제국 수립
1910년	국권 강제로 빼앗김
1919년	3.1 운동, 대한민국 임시 정부 수립
1945년	8.15 광복
1948년	대한민국 정부 수립

</td></tr>
</table>

사진 출처

31 **진시황제** | 위키피디아

57 **당 태종** | 위키피디아

84 **불국사 대웅전의 석가모니불** | 위키피디아 ©mikeswe
 한자 | 위키피디아 ©因為光遇見你

95 **칭기즈 칸** | 위키피디아

117 **고려병** | 위키피디아 ©코리아넷 / 해외문화홍보원
 고려청자 | 위키피디아 ©de Calais

139 **영락제** | 위키피디아

151 **자금성** | 위키피디아 ©Asadal

156 **강희제** | 위키피디아

184 **상수시 궁전** | 위키피디아 ©Gryffindor

190 **만리장성** | 위키피디아 ©Jakub Hałun

193 **불국사 대웅전의 석가모니불** | 위키피디아 ©mikeswe
 한자 | 위키피디아 ©因為光遇見你

195 **자금성** | 위키피디아 ©Asadal
 베르사유 궁전 | 위키피디아 ©Eric Pouhier
 알람브라 궁전 | 위키피디아 ©bernjan
 창덕궁 | 위키피디아 ©Josh Hallett

198 **칸으로 추대된 테무친** | 위키피디아 ©Sayf al-Vâhidî. Hérât. Afghanistan
 정화 원정 | 위키피디아 ©Kosov vladimir 09071967
 임칙서, 아편 몰수 | 위키피디아